Beate Loraine Bauer

*Lebens*FARB*spuren*

Gedichte und Essays

Bibliografische Information der Deutschen Nationalbibliothek
Die Deutsche Nationalbibliothek verzeichnet diese Publikation in der
Deutschen Nationalbibliografie; detaillierte bibliografische Daten
sind im Internet über http://dnb.d-nb.de abrufbar.

Beate Loraine Bauer
LebensFARBspuren
Gedichte und Essays

Foto: Thomas Schmidt (2018), Augsburg
E-Mail: Loraine-bauer@t-online.de

Berlin: Pro BUSINESS 2019

ISBN 978-3-96409-116-1

1. Auflage 2019

Inhalt

Bleistiftfeder

Es gibt sie – diese E I N E.
Individuelle – Einzigartige – Kreative – Witzige.

Eine authentische Bleistiftfeder
voller Phantasie
und warmherzigem Augenzwinkern erfüllt.

Manchmal mit einem Hauch Ironie versehen,
jedoch nie verletzend.
Weise – lustig und stets
im wunderbaren Wortfluss
entführt sie den Leser auf magische Wege.
Entdeckungsspuren
finden leichte Gangbarkeit vor.

Laden ein – tiefer in das
Geschehen einzutauchen
oder reißen einfach lebendig
mitten hinein in das offerierte Geschehen.

Ob
geschichtlich, geographisch oder
persönlich
erzählen sie wispernd bis deutlich
von Erlebnisläufen.

Nehmen an die Hand und entführen auf
skurrile – lebensnahe bis gethrillte Leseebenen.

Horizontfarbenbögen.
Konturenbäche.
Tonharmonien.

Verbogene Geheimnisse
wie anvertrauenden Zauber.

Flügel gespannt zum Phönixflug oder Reisewelten.

Gefederte Zeichnung erfasst Charakteren wie
blütenduftende Essenzen.

Von kleinen Zeilen bis zum großem Buch
ist jedes ein sehr besonderes Unikat.

Wortgetauchte Schreibgenialität
die beglücktes Tageslicht atmet.

Ausdruckskunst
die Vielfaltsfreude
kostbar erschafft wie teilt.

Zwischen dem steten Gezeitenrad,
im Wandel von Begegnung und Veränderung,
nährend vom Erfahrungsbrot,
trinkend aus dem unendlichen Ozean des SEINS.

Möge die Feder noch unzählige Bildwortwerke
kreieren!

Löwenzahnzauber

Die wärmende Frühlingssonne
tanzt streichelnd
durch goldgelbe Löwenzahnwiesen.

Sanfte Windbrise wiegt die satt leuchtenden
Blütenköpfe – zwischen den vereinzelten
Grasbereichen.

Gänseblümchen und lilazarter Wiesenschaum
versuchen individuell
aus diesem wogenden Löwenzahnmeer
hervor zu glänzen.

Die weißrot nuancierten Gänseblümchen
und die farbgehauchten Schaumkrönchen
gestalten mit diesem sonnenblühenden
Blumenzahn
einzigartig kostbare Naturschönheit.

Wie eine duftschattierte Blütenwolkenszenerie –
die auf grünem Horizontenrahmen
fröhlich den Sonnengruß
reigenreich reflektieren.

Frühling ist da!
Tausendfach funkeln
ockerfarbige Blütensterne
munter in
flach bis hügligen
Wiesendimensionen.

Wunderbarer Löwenzahnzauber –

magisch

wie er alle anderen Frühlingsblüher einladet

aktiv zu sein!

Getragen von Dir – Gott

In allen unsanften, wirren und schmerzhaften
Lebenswegphasen, wenn ich
mit meinen ärgsten Zweifeln, Ängsten
und Unsicherheiten auseinandersetzend
mit mir ringe
– bist Du in einer liebevollen akzeptierenden
Ruhe da.

Ohne Wenn und Aber. Dafür verlässlich.

Nimmst mich in meinem Seelen-Herz
verständnisvoll und tolerant
in Deine gütigen Arme.

Immer dann – wenn ich offen und bereit bin,
es annehmen zu können.

Getragen von Dir Gott bedeutet –
dass Du mir meinen freien Willen
lässt,
ja eigenverantwortlich gibst.

Schöpfe meine Wünsche, Handlungen und Ziele
aus einer unendlichen Quelle,
die gesegnet doch so viel mehr weiß wie ich.

Getragen von Dir
fühlt sich
vollkommen geborgen und sicher an.
Wenn kalter Erfahrungswind
Spuren in mein Gesicht zeichnen will,
schützt Du es mit behutsamer Zärtlichkeit.

In diesem Getragen-Sein dürfen –
ist eine so tiefe Vertrauensatemkraft –
die stets neuen Mut, Zuversicht und freudige
Dankbarkeit verleiht.
Schenkst mir unerschöpflich Zuneigung,
Freude und Frieden.

Lieber Gott – ich erkenne Deine Fußabdrücke als
Du
mich trugst, über manche drückende oder
charakterkantige Klippe,
dafür möchte ich Dir heute
mit viel Liebe
DANKE sagen.

Schön, dass es Dich gibt in meinem Herzen.

Bachgruß

Sonnensterne tanzen fein beschwingt
auf den klar fließenden Bachwellen.
Frischgemähtes Gras duftet nach frohem
Sommerkleid.
Grün begrast zieht es eine sanfte Woge
hinauf zu den Baumrittern.
Ihre Blätter wiegen begrüßend freundlich
im lauen Wind.
Enten ruhen oder lassen sich treibend
vom Bach ein Stück des Weges mitnehmen.
Lustig munter ist das Vogelgezwitscher
musikalische Untermalung dieser Idylle.
Durch die kleine enge Altstadtgasse
komme ich meinem Bach näher.
Das Holzrad dreht rhythmisch
seine beweglichen Zeitwasserrunden.
Unermüdlich.
Wie Zeit die fließt
in Menschenleben.
Darüber gespannt der blau glänzender Himmel.
Ein lauschiges Bankplätzchen
umgeben von blühenden Büschen
lädt ein zum ruhenden Niederlassen.
Erfüllt voll Frieden und Dankbarkeit
gebe ich meine Atemspuren
hinein in dieses wunderbare Ganze.
Glücksmomentige Bachgrüße an Dich.
Spüre die Kostbarkeit dieses Augenblicks.

Mach was draus

Jeder Einzelne von uns
wandert in seinen
authentischen Atemspuren.

Geprägt durch frühkindliche bis
gesellschaftsträchtige Erwartungshaltungen.

Wie begehen wir die Wege?

Vorgegebene oder selbst gewählte?

Überwinde Erfahrungsbarrieren
wie Schubladensätze.

Das Vertrauen wie die ehrliche Intensität
finden Entfaltung, wenn wir Mut, Gabe, Liebe
als Chance
tatkräftig in die Gegenwartsschale geben.

Mach was draus, es für Dich wichtig ist!

Säe, pflüge und ernte Dein Lebensfeld –
das ans wir angrenzt wie verschmelzt.

Gib Deinen Träumen wie Talenten reale Basis.

Hol sie ans Tageslicht – vermehre sie
wie Freude.

Alles ist möglich.

Ella's Wolkenschloss

Zwischen Bäumen, Büschen, Wiesen
und kleinem Gewässer
da liegt „verwunschen" weit oben,
ein kleines feines Wolkchenschloss.
Rapunzel lässt nicht einfach die Haare runter...
Den dieser besondere Ort –
der Geborgenheit, Liebe,
Kreativität und wahre Freundschaft
beherbergt
will auch respektvollen Schutz erfahren.
Damit vielfältige Blumen, liebevolle Kunstwerke
wie die feine Schlossgestalterin
gesegnete Entfaltung finden können.

Blickt von ihrem Prinzessinenturm achtsam
hinunter auf die prächtige Naturidylle.
Hört das sanfte Wellentanzgeplätscher.
Fröhlich freches Spatzengezwitscher und das
magisch raunende Blättergeraschel.

Ein besonderer Zauber liegt darin.
Zwischen Lindenblütenträumen,
alten weisen Baumgeschichten
und chancenreichen Entdeckungsspuren
ist zufrieden dankbare Lebensreisende beheimatet.

Ihr Atemherz knüpft vertrauensvoll
neue Erfahrungsfäden.

In denen gerne viele kunterbunte
Glücksmomente aufs
freudig friedliche ERLEBEN-Dürfen darin
enthalten sind.

Schmetterlinge platzieren wunderbare Hoffnungs-
und Realisierungssterne.

Wolken fliegen locker leicht zum Horizont,
modellieren, erzeugen förderliches
Los- wie Zulassen vor dem Schloss.

Winken beschwingt –
mit Regenbogenfarben oder
warmglänzender Sonne
dem geöffneten Wolkenwunder zu.

Einzigartige Schlüsselhüterin für das
luftigleichte Glücksschloss.

Herbstspuren

Bewusst behutsam – Schritt für Schritt –
erwacht der neue Tag.
Schöpft heraus aus tiefdunkler Nachtkühle.
Funkelnde Sterne empfangen ihn.

Herbst-Atem haucht sanft in Altstadtgassen hinein.
Pastellig steigt gestalterisch die Morgensonne
empor.

Öffnet große Augen,
um interessiert die offenbarende
Welt erkennen zu können.

Gewährt Wärme wie wunderbaren Kulissenglanz.
Ruhig erleuchtet sie architektonische Bauwerke,
taucht sie in zartes Orange.

Hellblauer Himmel bildet Horizontzelt.
Blumen wie Bäume beginnen Herbstkleidung
zu tragen.

Wiegen sich beschwingt im verabschiedenden
Sommerwind.

Lassen kunterbunt Blätter
wie Schmetterlinge fliegen –
schicken sie auf besondere Entdeckungsreise.

Tiefe Friedenstille ruht energievoll
in diesen wichtigen Momenten.

Glück breitet seine Freudenflügel aus.

Liebe berührt – wandelt – heilt.

Nährt sinnig beschützend.

Der Herbst wispert leise e
ine hoffnungsfrohe Botschaft –
Zuversicht schenkend auf Erneuerung.

Jeder Tag ist mein Tag

Empor strömend aus der Ozeantiefe Mutter Erde
atemvoll ankommend an differenzierten
Erfahrungslandschaftsufern.
Ergreife staunend Sonnenglanzstreifen.

Erklimme Berge– mit der wunderbaren
Leichtigkeit des Seins.
Talwiesenfahrten erfasse ich als
lebendiges Los- und Zulassen können.

Die Vielzahl der Geräusche, Bilder,
Gedanken, Gefühle
und Handlungen zentriert mein Körperzuhause.
Eröffnet einwandfrei liebreichen Raum-Zeit-Atem.

Jeder einzelne Tag birgt ein zu
enträtselndes Geheimnis.
Die blaudunkle Nacht verflechtet das prägend
blühende Gestern
zu wissendem Sternentau.

Jeder frische Tag schenkt leuchtend
glückliche Wunder.

Jeder Tag ist persönlichste Entfaltung,
Erkennen, Wachsen,
Begreifen und reflektierend neues Entscheiden.

Kostbarkeiten finden Zugang zum
Menschenalltagslicht.

Buntschattierte Möglichkeitsbögen kreieren reiche
Lebensenergieebenen.

Bin Schöpferin. Schöpfe aus authentischer Quelle,
die seit Anbeginn verwurzelt ist mit der
heilsam lichtvollen Universalmagie.

Bringe kreativ heilsame Teile in das
vollkommen werdende Ganze ein.

Tag für Tag geborene Erlebnisdimensionschancen
bereichern den inneren Seelenherzhorizont
auf einzigartig faszinierende Weise.

Taugeborene Tageslichtzeitreisende errät flexibel
eindrucksvoll die
impliziten bis außenreflektierten
Weltenspektrumsgaben

Sag mir wo die Liebe blüht

Sag mir wo die Liebe blüht...
Emporsteigende stetige Egoismuswolken –
verdrängen
Werte, Akzeptanz und Toleranz
ins Nichtvorhandensein ab.
Bauen Hürde und Klüfte auf – die Inneres brechen.
Angst, Unzufriedenheiten und Eifersucht
erzeugen hierfür die gewichtigsten Fundamente.
Sag mir wo die Liebe blüht...
Die grauschattierten Miteinanderfelder
gestalten zu oft Unsicherheitsminen und
Abweisungsgrenzen.
Einsamkeit breitet Wellenweite aus.
Eingemauerte Herzen – in dem kein friedliebender
Atem Vollkommenheit erhält.
Zwischenmenschliche Eiszeitwelten finden steten
Humanrealität.
Sag mir wo die Liebe blüht...
Viele Wüsten, welche wir mit einer
Suche nach scheinbarer Gemeinsamkeitszielen
anhäufen.
Nehmen zu wenig bewusst wahr – verkennen –
die tiefe Seinsqualität eines jeden Individuums.
Die zeichnet vor allem das Gesellschaft – wie
Selbstraumleben.
Sag mir wo die Liebe blüht...

Aggressionen, Wutpotenzial, Brutalität,
finden Vermehrung,
genauso wie Mobbing und strahlende
Scheinfunktionalität.

Wann wachen wir auf?

Drängen Liebe, Empathie, Verständnis und
Authentizität an den still sterbenden Abgrund.
Trifft täglich Tageslicht –
mit offenen Menschenaugen.
Verantwortung abgestumpft ins Nirgendwo.
Begreifend das Steuer umreißen –
zur Liebe hin
ist im Hier und Jetzt mehr als gefragt.
Sag mir wo die Liebe blüht...
Liebe die wir aus unseren Herzen lebendigen
schöpfen.
Liebe ist im Selbst – wie eine wertvolle nie
versiegenden Quelle.
Stark. Pulsierend. Mut gebend. Vergebend.
Brücken bauend.
Lass sie fließen. In uns und damit ins Gegenüber –
in die Außenwelt.

Sag mir wo die Liebe blüht...
Sei Saatgut, Pfleger, Vervielfältiger und
Weitergeber
dieser einzigartigen Lebensmagie.

Gib Licht. Lass üppige Seelenblumenwiesen
der Liebe bunt erblühen –
welche wundervoll wirken können.
Schenke jedem Tag – Dir und dem Wir L I E B E.
Immer mehr.
Gib jedem Tag die Chance liebevoll hell das
Miteinander friedlich erleuchten zu lassen.
Weißt Du – wo die Liebe blüht?

Mutterhände

Gesichter – Gefühle – Herzen – Spuren –
Verbundenheiten.

Hände – die beruhigen.
Hände – die tragen, zärtlich trösten und auffangen.
Hände – die verändern.
Das eigene Ich und das anvertraute Du.

Hände – die Dich begleiten.
Führen. Nähren. Lehren.
Hände – die mit stillen Gesten
eine tiefe Seelenbasis gestalten.
Licht und Schatten vermitteln können.

Hände – welche Dich bekleiden.
Spielerische Leichtigkeit schöpfen und Ängste
wegwischen.

Streit schlichten – Hände die sich friedlich
einander zu reichen.
Hände – die das kleine Kinderherz wiegen.
Schützen.

Tränen trocknen. Lachen zaubern.
Hände – die Geduld zeigen und geben dürfen.

Hände – die vertraut sind
Vom Leben erzählen und dem einfühlsam
klingenden Mutterherz.

Kraft vermitteln. ZuTRAUEN schenken.

Hände – die fröhlich kreative Farben einfließen
lassen ins Wir.
Fürsorglich. Mit empfinden. Liebend.

Eine authentisch charakteristische Körpersprache.
Weltweit deutlich erkennbar. Verständlich.

Hände – die Dich später loslassen
dürfen – sollen – müssen.
Und doch immer vertraut
zulassend, an der unterstützenden
Lebenswegseite gesegnet einsatzbereit vorhanden
sind.

Liebe so

Liebe verlangt nicht – nimmt Würde ernst.
Sie trägt – vertraut- respektiert – achtet – schützt.
Erwartungshaltungen finden dort keinen Einlass.
Liebe ist ausgewogene Balance
des Geben und Nehmens.

Begleitet Entfaltungsmöglichkeiten,
Wachstum und Veränderung.
Liebe das mit Herzklopfen begann –
wandelt in förderlichem Herztakt
des Ich + Du ins WIR.

Seelisch miteinander verbunden die vielfältigen
Lebensspuren gemeinsam meistern.
Akzeptanz – Interessensterne – Geduldslichter
arrangieren und spiegeln heilsam die Bedürfnisse –
Werte – Charaktere
des Paarlebens.

Gedankenvögel wie Empfindungsflügel
stetig wahre Liebe schöpfen.
Unerklärlich vielleicht – dafür nachhaltig intensiv.
Über alle Zeitbögen der Endlichkeit
Herzatem Sinn- und Inhaltsqualitäten geben.
Augen die in dieselbe Richtung blicken –
alle Wege achtsam weise gegenseitig erfahren.

Hand in Hand Probleme lösen – Kraft schenken
und motivieren.

Liebe die in stillen Oasenmomenten wichtige
Essenzen austauscht.
Wortschätze Sonnenlichter des gemeinsames
Universum beinhalten.

Im beweglichen Zeitrhythmus –
Atemzug um Atemzug –
wunderschön verbundene Herzklänge
als Symphonie wahrer Liebe
aktiv ins jeweilige Hier und Jetzt
einfließen lassen.

Im tiefen Wissen der grenzenlos verfügbaren
Quelle
die wahre Liebe zu einem besonderen Wunder
werden lassen.

Gedankenwürdebilder

Respekt und Würde – Worte mit Bedeutung.

Wie gelebt?

Aktiv – aufmerksam – sinnig…

Wie empfinden wir Respekt und Würde?

Was bewirken sie im täglichen Gesellschaftsleben?

Geben wir es vorbildhaft weiter
an die Menschensaat des Heute und Morgen?
Oder ist Übergriffigkeit – Aggressionen – Gewalt
wie verbale Abstufungen
an der zwischenmenschlichen Tagesordnung?
Würde und Respekt welche Werte geben wir
ihnen?

Berücksichtigen sie wie im eigenen Sein…
Wie schätzen wir uns selbst?

Achten die Meinung – Ansehen – Religion anderer?
Wertschätzung einfließen lassen ins Wir –
Toleranz wie Akzeptanz.

Handlungslichter die die Miteinanderebene
stark beeinflussen und verbessern.
Respekt und Würde ist alterslos.

Will über den ganzen Atembogen
stete Spurenbegleiter sein.
Nicht still.

Gewortet – getan – gewandelt – liebevoll
vervielfältigt.
Ist Würde und Respekt
nicht ein wichtiges Grundrecht?
Warum behandeln wir es dann so stiefmütterlich?

Drängen es ab – wollen Hip sein –
medialen Werbepfaden
gedankenlos folgen,
ohne den Inhalt zu reflektieren oder zu
überprüfen.

Für manche ist Respekt und Würde
ein essenzieller Anker –
gerade weil die Erfahrungswellen so seelenbrachial
übers Lebensboot brechen.

Gilt es mehr dafür einzustehen.
Respekt und Würde
Gesicht und Stimme wirksam verleihen.

Damit sie keine Banalität sondern wahre
Gegenwartssubstanz erfahren.

Friedensgedankenblüte

Sei Samen des Friedens.
Saat – Boden – Nahrung –
Wasser – Wind
Vervielfältigung

FRIEDEN.
Elementar.
Aktiv.
Liebevoll.

Im tiefen Herzfrieden in Dir
beheimatet.

Lebt und will
teilend mehr werden.
Von Mensch zu Mensch.

Eine Friedensblüte
die die ganze Welt
real erreicht.

Frieden offenbarend geschöpft –
in unserem tiefen Selbst geboren.

Frieden
unabhängig von Hautfarbe –

Religion – Gesellschafts- wie Sozialstatus.
Grenzenloser Frieden

der endlich unsere humane Atemhaut
lebendig erlangt.

Im feinen wie starken Wind
von Toleranz – Akzeptanz – Respekt und Würde.

Dialog bereite Vernunftworte – die Aggressions-
wie Waffenlos
dem Miteinander eine wahre Chance geben.

Wo eine Waffenlobby gepaart mit
spendenbegünstigten Politikermächten
absolut
keinen Gegenwartsraum mehr einnimmt.

Frieden das Ziel ist
und kein schwacher Hoffnungsballon.

Hand in Hand – Herz mit Herz
Frieden unserer Mutter Erde.
Frieden in jedem einzelnen Seelenhain.

Der Planet braucht Herz

Unser Planet braucht keine neuen Ausbeutungen,
Kriege, Übergriffigkeiten, Respektlosigkeit
und missbrauchtes Atemgastrecht.
Keinen Plastikmüll in Ozeanen oder anderswo.
Es braucht ein Wir –
das im akzeptierend tolerierenden Dialog
miteinander
für den Frieden
nicht nur in die Richtung sieht,
sondern deutlichst
dafür mit Worten – Handlungen – Sein
mit Rückgrat einsteht.

Geschichtenerzähler die uns das Verstehen
wieder auf andere Weise näher bringen.
Wirklich zuhören – fühlen – nachdenken –
entfalten.
Heiler die mit Herzenergien
förderlich vieles
in eine gesunde bessere Basis verwandeln.
Erneuerer die klug wie nachhaltig
aus Altem wie Aktuellem
ein sichereres Morgen anfertigen.

Friedensäerinnen
die geduldig – konstant – vielfältig
einen dimensionsweiten Kreativteppich knüpfen
der als steter Quellfluss
alle Erdenpunkte erreicht..

Ohne Sprachgrenzen – Hand in Hand –
gemeinsame Brückenwege
eröffnet – findet – umsetzt.

Unser Planet braucht
Liebende aller Arten,
denn die Liebe ist
die stärkste – hellste – reinste Kraft
die uns Menschen berührt,
zu achtsameren Wesen macht
Freude – Zufriedenheit – Dankbarkeit
erblühen lässt,
die unsere Mutter Erde
Atemvoll gesegnet vollführt.
Wertvoll innige Planetseelenerlebnisse
schöpfen Tageslicht
- fließen ins unendliche Gezeitenrad
nährend ein.
Entwicklungen bewirken Chancenfelder
die jeder Einzelne
verantwortungsvoll bestellt im Tagwerk.
Konkret lebendiger Frieden
der im Innen wie Außen
wertvollen Atemplatz einnimmt.

Lebensgefäß

Zart vollkommen ist das frischgeborene
Körpergefäß.
Erste Atemspuren und staunende Entdeckungen
breiteten ihre Entfaltungsflügel wunderbar aus.
Eine gesegnete Reinheit und Freimut
lernen spielerisch das Leben.

Zeit fließt aus dem Lebensgefäß,
Erfahrungen wie Erlebnisse nehmen Platz ein.
Manche mit nachhaltig tiefen Auswirkungen
andere reisen wolkenfein oberflächlich vorüber.

Zwischen Licht und Schatten,
Sehnsüchten und Realitäten
rinnt Endlichkeit ins vielfältige Weltensein.
Betört glaubensstark
sekundenberührende Unendlichkeit.

Erkennen im beweglichen Treiben
von Frieden – Disharmonien und Streit,
welche Werte das Miteinander wichtig sind.

Blicken nach Innen – wie sehr ist Liebe,
Verständnis
und Toleranz aktiv atmend da?

Im gesunden Fließdialog des Ich-Du-Wir?

Fragile wie unsere Seele ist unsere
Lebensgefäßhaut.

Gefühle – Gedanken – Spuren – weltliche Einflüsse
verschmelzen in eine Symbiose.

Gestalten Kolorit, Richtungen, Chancen, Linien
wie Leichtigkeit mit.

Können motivieren, stärken wie Kostbarkeitssterne
sich finden lassen.

Unmerklich spiegelt transparente
Seelen-Herz-Qualität
ins Gezeitenweltenmeer.

Ist Fels in der Brandung wie aufgetürmte Welle.
Tagessterne erblühen wunderbar –
offenbaren Schöpfungscharakter.

Wandern mit heißem Wüstenwind über Dünen,
verschmelzen im ewigen Eis,
erklimmen Berggipfel oder spazieren
über weitschattierte Wiesenfelder.

Frei beweglich in unserem Willen –
geduldig wandelnder Behältnisleib.

Sammeln kaleidoskopische Spurenabdrücke im
Erinnerungsglas
gegenwärtiger Existenz.

Seelenimpression

Ich bewohne mein Körperzuhause.
Tanze mit den Gefühlen.
Meine Gedanken laufen mit mir
oder doch umgekehrt.
Bin Ich das wirklich?

Die Gefühle, Gedanken, Handlungen
wie Erfahrungen
gestalten mein Sein.
Träume – Wünsche
sowie ein angedachter Lebensplan
sind wie die andere Atemuferseite unseres Ich.

In meinen wirksam charakterkantigen Zwischen-
Erkenntnisbasen frage ich mein Innerstes –
was bist Du?

Spüre ich meine Seele?
Vernehme ich die Botschaft?
Oder erahne ich sie mehr?
Weiß ich um deren Perspektivenplan?
Kann ich die bunten Sonnenstrahlen im Süden
meines Herzens sehen,
auch an grauen Stimmungstagen?
Oder weiß ich um sie…

Im sicheren behüteten Wandelwachstum
der gesegneten Möglichkeiten –
darf ich eigenverantwortliches
Veränderungszentrum sein.

Das mich zu begünstigten freudigen Daseins-
Ebenen führen will.

Mit der Leichtigkeit von duftenden Blütenblättern
das Leben neu und so viel liebenswerter
annehmen – leben – erfüllen.

Atemkostbarkeit erfassen
im gegenwärtigen Jetzt
und daraus das Positivste schöpfen.
Im unendlichen Zeitkontinuum mögen alle
wunderbaren
Chancenreichtumsfacetten
human ans Tageslicht geboren werden.

So bin ich wie Du – aktiv verantwortliche Teilliebe
eines besonderen Ganzen.

Unsere Seelen lotsen mit weisen Sehnsüchten die
wahren magischen Erlebnisspuren.
V e r t r a u e!
Geben wir uns tiefe Stille-Oase –
die zu uns spricht.
Gewinnen wir Seelenklarheit
und
Können vollendete Glückseligs-Realisation
erreichen.

Stärkenwelt

Unsere Fehler und Unzulänglichkeiten
werden uns frühzeitig deutlich
über die Außenwelt verinnerlicht.
Worte. Vergleiche. Bilder. Erfahrungsbotschaften.
Das virtuose Funktionieren der Frau von heute in
allen Lebenslagenrollen
- stellt die Gesellschaft oft in den medial erzeugten
Vordergrund.
Doch allein DAS kann unser Leben nicht
ausmachen.
Streifen wir den vorgegaukelten Perfektionsmantel
wahrnehmbar ab.

In der Waagschale des Lebens gibt es zugleich die
gewichtigen Stärken.
Die Gesicht zeigen wollen –
mit Stimme Bedeutung erzielen.
Stärken können darin liegen, das wir uns
liebevoll SELBST akzeptieren
und den vielfältigen kleinen Ecken und Kanten
charakteristische Farben einhauchen.
Neue Fährten entdecken – erkennen – gehen.

Das wir als aktives Vorbild für das Individuum
Frau weiterreichen.
Weil wir es uns reell Wert sind.
Uns gegenseitig motivieren – bestärken –ja
Entfaltungsraumchancen geben,
für all das was im tiefverwurzelten Innersten
e n d l i c h
kostbar freies Lebendigkeitslicht erblicken will.

Froher toleranter Tageshorizont ohne den medial
erzeugten Perfektionswahn.
Im Hier und Jetzt
diesen wertvollen Schatz zulassen,
da wir alle die Persönlichkeits- und
Fähigkeitsfacetten vorrätig haben.

Dein Ich-BIN fördert vertrauensvoll –
wenn Du Dich dafür öffnest.
Loslassen was uns kleiner – unsicherer – begrenzter
gestaltet.
Sei die Regisseurin, Produzentin, Schauspielerin,
Drehbuchschreiberin
Deines Menschenfeldes.
Zaubere Musik, Weite, Liebe und
das glückliche Sein
hinein – als ob das Füllhorn
für Dich unerschöpfliche Quelle wäre.

Du bist mehr als ein Atem.
Vereinst Körper-Seele-Herz
verantwortungsbewusst zu einem besonderen
GANZEN.

Du bist in Dir eine wunderbare Schöpferin,
der die Leichtigkeit des Seins vollkommene
Offenbarung schenkt.

Der Wert der Zeit

Zeitwert – Wertzeit.

Zwischen den Hügeln von gestern und morgen
liegt sie – wie ein magisches Weisheitsbuch
noch ungeöffnet vor Menschenherzen.
Im Rasterlabyrinth von Geborensein
hin zu Aschestaub ist ein
verborgenes Lebensmottomuster.

Tagtäglich neu –
wählen wir daraus den
Gedanken-Gefühls-Handlungs-Raumregale
wählen in unserem tiefen Persönlichkeitsselbst
die Qualitätsfarben und Gefühlsweltereignisse aus.
Im reflektieren wahrnehmbaren Reflektieren
erzeugt wahren Seelengeist
wohltuenden Entfaltungswachstum.

Beginnen den Wert der Zeit besser zu begreifen.
Zeit kann auf der Lebensuhr
nicht gutgeschrieben werden
– wie Geld auf einem Bankkonto.
Vielmehr erstrahlen Kostbarkeitssteine
von Liebe, Glück,
Freude, Zufriedenheit glänzend
auf dem Menschen-Herz-Weg.

Vervielfältigen und erfüllen stetig
durch das atmende Miteinander-Teilen-Dürfen
das Sollen – Wollen –Können.

Der Wert der Zeit kann funktional, oberflächlich
sowie
systematische Verpuffung sein.

Oder liebevoll, weise, dankbare, demütige und
erkennende Lebendigkeit gravierend beinhalten.
Wir bemessen die Zeit und nicht umgekehrt.

Oft erfolgt der Zeitrückblick erst in schweren
Abschiedsstunden –
wenn das umlenkende Lebensrad
keinen Einfluss mehr gewinnen kann.

Gemüllter Augenblick

Kennst Du die Augenblicke –
wenn Du am frühen Morgenerwachen
dem verlassenen oder
hingeworfenen Nachtmüll begegnest?

Die Meere kollabieren voller Plastik.
Wale und Fische verenden jämmerlich.

Eisberge schwinden weg –
gesund zyklische Naturbasis ins Niemandsland
asyliert.
Was fühlst Du da?
Wie geht es Dir mit dieser Szenerie?
Siehst Du darüber hinweg?
Hakst es zügig ab?

Oder wenn man Wanderungen macht
im flachen Lande oder zu den Bergesspitzen.

Überall begegnet einem Müllabfälle –
die die kurze Strecke zum Abfalleimer nicht
schafften…

Mit was müllen wir uns manchmal selber zu?
Welche Informationen lassen wir ungefiltert das
Innerste erreichen?

Uns vereinnahmen?

Manipulativ steuern?

Bist Du aggressives Abgaskorn, Ölteppich,
Plastiktäter oder geldgieriger Urwaldabholzer –
oder oder oder

Gestalten wir im tiefen Seelenkern wie im äußeren
Umfeld
achtsame Reinigungen?

Erkennen wir die einzelnen Details
die wichtig sind,
trennen uns von dem
was nichtig ist…

Im rechten Maß des zu- wie loslassen Könnens.
Erzeugen wir selber Natur wie Erfahrungsmüll?

Sind wir offen und bereit etwas zu verändern?
Wenn ja – wäre da mehr Platz für Bewusstheit –
Zufriedenheit wie Dankbarkeit.

Entmüllt – frei – spüren – sehen – erkennen –
wandeln – entfalten.

Lebensqualitäten
die mit wunderbare Essenzen unsere
reisenden Atemspuren bereichern.

Wir exakt den Unterschied
zwischen Schwarz und Weiß,

wie der Farbpalette von Erlebnissen wissen.

Reichen wir mutig
der hoffnungsfrohen Zuversicht die Hand,
lassen wir Verantwortung aktiven Handlungsraum.

Winter 2019

Der erste Schneefall
Erstaunen –
vor allem
weil's m e h r wird.

Mit glatten ungefütterten Schuhherbstsohlen
- versteht sich –
aufs mitunter ungeräumte Gehsteigparkett
gewagt…

Zwischen Hosen und Schuhen blanke Fußhaut
präsentieren
bestehende Kältetemperaturen ignorierend…
Lautstark wetternde Dauernörgler
an Tramhaltestellen
schimpfend
dass es hier keine beheizten Schienen gibt
und Ihren Ansprüchen nicht genügen.
Temporeiche Radfahrer sausen mit
„Allzweckreifen?" ausgestattet
am Fußgänger wie Autofahrer vorüber.
Sicherheit des Wir im Fahrtwind verweht…

Mit sommerbereiften Autos direkt
in Skigebiete fahren – erzeugt Kopfschütteln.

Bei akuter Lawinengefahr
abseits beschilderter Pisten
seinen persönlichen Bewegungsdrang
per Ski oder Tourengeher auslebend –
anscheinend im darauf bauend Hinterkopf –
dass im Ernstfall ein anderer diese
deutliche Gefahr
in Kauf nehmen muss für
die Bergung wie Rettung…
Obwohl dieser Helfer Familie Zuhause hat…
Der Sicherungseinsatz auch sein Leben
kosten könnte!!!

Schneeflöckchen weiß Röckchen
fällt weiter – vermehrt weiße Pracht enorm.
Armadas von händischen Schneeschippen jede
helfende Hand benötigen!
Ehrenamtlich – ohne 8 Arbeitsstunden-Takt –
pausenlos durch
rund um die Uhr und nochmals –
weil gefordert.

Bergwacht – Straßenreinigungsdienst – freiwillige
Feuerwehr – Soldaten und mehr
räumen die dichtgroßen Maßen weg.
Machen Wege und Zufahrten frei.

Helfen in unzähligen prekären Situationen heraus.
Ob von Dächern wo palettenhaft der anwachsende
Schneedruck
wegtransportiert wird…
Nur wohin damit noch?…
Einsatzwagen – wo möglich – dies erledigen…
Absolut keine Selbstverständlichkeiten –
sondern eine große Einbringungshilfe für die
Gemeinschaft
das mit Respekt, Wertschätzung und wahrem Dank
entgolten gehört.

Strotzende wunderbare Baumritter
wegen weiß schwerer Last gefällt –
da sie Gefahr darstellen könnten –
säumen geopfert liegend manche Straßen wie
Wege.

Winter der nach dem heißem Sommer Winter ist.
Ausgleichend erneuerbare Jahreszeit
ein naturgesetzliches Regulieren vollführt –
wo leider bei einigen Mitbürgern
Verantwortung – Einsicht – Verständnis fehlt.

Im klaren Lebenswissen und im Einklang
mit Mutter Erde – wo wir zu Gast sind.
Jede Jahreszeit als gesundes Zyklussystem
zu akzeptieren und vernünftiger den Wandel
mit zu tragen.

Winter verkörpert keinen reinen FUN-Faktor,
er ist aktueller Wegweiser unseres durch uns
erzeugten Weltklimas.

Jeder Einzelne von uns
ist aktiver Anteil
das aus einem förderlichen Ganz-Sein
machthungrige Entfremdungsdistanz stattfindet.

Wundern uns darüber –
dass das absehbar verursachte Ergebnis
direkt vor ureigenster Türe ankommt.

(Text im Auftrag von Barbara Finkenstaedt)

Geld und Macht

Im Leben erkennen wir beständig
mehr – was Geld und Macht bedeuten.
Ob im Wahlkampf oder danach

Geld regiert die Welt. Doch wie?

Geld wird benutzt um Waffen zu kaufen –
mit denen Kinder getötet oder schwer verletzt
werden.

Ungleiche Balance zeigt auf
das die Einen goldene Wasserhähne
oder Goldblättchen auf ihrem
Fünf-Sterne-Menüs haben,
während die Andere vor ausgemergeltem Hunger
fast umfallen und sterben.
Staubtrockene Brunnen wo fruchtbarer Boden
unvorstellbar ist.
Gefüllte Champagnergläser und Kaviar auf
Charity-Veranstaltung
für den Hunger der Welt.
Geld – Einfluss – Bilder die alltäglich sind.
Gewohnheit?
Kein Hinterfragen oder Veto-Einlegen?
Geld kauft Stimmen – ergo Macht. Legitim…
Um in ein anderes größeres Spiel pokernd
einzusteigen…
Sozialkälte grenzt aus – gestaltet
„Money makes the world go around".
Beweglich – vermehrend – raffgierig.

Mit steter Angst wie Obsession
den Status ins unendlich HOHE zu treiben.
Stress wie man dieses Vermögen
bestens anlegen kann – sicher versteht sich von
selbst!
Geld das in frauliche Äußerlichkeiten
als gestraffter – funkelnder – pelzbehangener
Körperkult
mit permanenter Handlungskraft investiert wird.
Immobilien – Limousinen – Juwelen und
Investments –
Geld verfügt über viele Lebensblätter
wie Bankenmöglichkeiten…
Heißt Geld und Macht zu haben Zufriedenheit zu
besitzen?

Meint Beziehung oder gar Freundschaft
den Menschen oder sein üppiges Bankkonto?

Licht und Schatten liegt auf allem –
möchte man da wirklich tauschen?
Kann ein reines Gewissen erkauft werden?
Geben wir Geld mehr Macht als es gut ist?
Machtwert Geld bestimmt mehr als uns lieb sein
kann.
Stellen wir uns manchmal selbst
die Frage, ob wir käuflich sind?
Und wenn, warum?

Pfeifentänze

In unzähligen Leben
spielen ganze Dudelsäcke auf –
doch nicht jedem Erwartungston
kann Mensch gerecht werden.
Das Gegenüber will
seine Vorstellungen wie Erledigungshaltungen
uneingeschränkt in seinem Modus sehen.

Takt für Takt. Tempo für Tempo.
Erlebnisse und Erfahrungen tanzen
auf vielseitigen Pfeifenreigen.

Ist es wirklich meine Melodie?

Will ich dies überhaupt tun?

Nehme ich mir Zeit zum Überlegen
und zu freiem Entscheiden?

Munter fordernd erhebt sich
gewohntes Leier – will erhört werden.
Kein Vielleicht oder Nein erwidert haben.
Gedankenreifen der Zeit reisen durch
die Verneblungstaktiken hindurch.

Finden Erkenntnistageslicht.

Ruhe und Aufmerksamkeit gönne ich
bewusst den mir angetragenen Anliegen.

Höre in das Innere hinein – wo
ich unter Umständen jemanden einen
Pfeifton abverlange.

Empfindungen wie Gedankenhölzer
beginnen beweglich heilsam liebevollen
Musikraum in mir selbst einzunehmen.

Atem – Verständnis – Akzeptanz
wie Wertschätzung
ohne diese einschüchternde Haltungsrüstung.

Die eigenen Lebensspuren dort entdecken
dürfen – erkennen – verändern – entfalten.

Tanz nicht jedes Pfeifenspiel ist Deines.
Sehe hinter die beanspruchende Musiziermaske.

Finde Deinen Rhythmus und Selbstbestimmung,
wo Dein JA von Herzen kommt – Du dafür nicht
nur andere zufrieden stellst –
sondern achtgebend eigenes Seelenheil erfreust.

Worte gegen Rechts

Menschen denken. Du auch? Wie?

Gedanken arrangieren Worte.
Plakativ beeinflussen Köpfe.
Machtvoll eingesetzt indoktrinieren sie.
Rücksichtslose befremdende Mundwaffen wetzen
hartnäckig die rassischsten Klingen.

Appelle gewählt – um „Jünger" in das
dynamitbestückte
Handlungsfeld der tiefdunklen Scheuklappenwelt
hineinzuziehen.
Despektierlich. Intolerant –
verfügen Worte über eine sehr
ausgrenzende, entehrende und peitschende
Lebensqualität.

Ohne jegliches Zielmaß in Augenhöhe dem
anderen Menschen
offen kennenlernen zu können.
Diskriminierend!

Mit dogmatisch perfidem Hass bewaffnet –
der über kleine angstbehangene
Nasenspitzengrenzen herrscht.

Frustrationen gemäntelt im Schlagstock – starten
gegen Schwächere.
Gesinnungspole – die absolut keine Akzeptanz,
Würde oder Zulassen-Können von Unbekannten

in ihrem kompakt aufgeräumten
Meinungsumfeld dulden.

NEIN DANKE!

Es heißt gegenwärtig – klar – intensiviert
Gesicht zeigen – Stimme werden.

Dem Rassismus authentisch effektiv Parole bieten.
Starker Gegenpol zur Feigheit – Engstirnigkeit –
Gewaltaktionen.
Stimme einfordern für Frieden, Toleranz
und ein neues
vielfältiges MITEINANDER bilden.

Den inneren Horizont geistig, empathisch wie
handlungsfreudig
vervielfachen lassen.
Wacher – offenbarer – charakterfester
heißt es da für jeden Einzelnen
das humane WIR wirksam zu verknüpfen
werden zu lassen.

Einen wertvollen, förderlichen und
dialogisierenden
Lebens-Mensch-Atem-Boden
gemeinsam schöpfen.

Courage, Hinsehen und STOPP sagen sind dafür
aktive Wegbegleiter – bedeutsame Tragesäulen –
damit diese zuträgliche Lebensgemeinsamkeit
ein reales Heute und Morgen kontinuierlich
existenziell erfährt.

Bankenwelt

In hochreichen Glanzgebäuden
funkeln Banken die Normalsterblichen an.
Machtzentren stetigen Geldflusses.

Banker steuern manipulativ Aktienfondtrends.
Aktienpakete als Nabel der Welt?

Ein 18 Stunden Job mit All-Inklusive?

Große Geschäfte, Kundenbetreute Barbesuche,
käufliche Mädchen
und etwas Koks geben benötigte Energie.
Im stetigen Wettlauf um den angestrebten
Spitzenplatz.

Dollarwellen rollen weiter.
Ziehen tiefer in den
magischen Bahn. Geld zirkuliert.
Geldgier erwacht.
Ergreift Seele.
Geldduft lässt Gewissen über
gierig gewordene Klinge springen.
Gewissen ADE.

Money makes the world goes around.

Bewusst wissend dass mit unliquiden
amerikanischen Hauseigentümern
mehrfach geldträchtige Geschäfte
abzuwickeln sind.

Diese bleiben auf der Strecke. Monetärer Ruin.
Obdachlosigkeit.

Aktien beginnen zu fallen. Absturz.

Bankenhimmel-Crash.

Der Staat und natürlich die Bürger flink ins
marode Boot geholt,
den finanziellen Ausgleich gebend.

Unbeeindruckt davon streichen Banker entzückt
hohe
Prämien, Feste und Reisen ein.

Wer hat wen wirklich in der Hand?

Zu welchem Preis?

Was für eine surreale Geldwelt lassen wir dazu?

Rückgratsurfer

Kennst Du sie?

Menschen – deren Worte und Handlungen
so variabel sind wie Wanderdünen?

Chamäleonhafte Meinungsbilder
sind ihr Markenzeichen.
Mitunter fließen ihre rhetorischen Ausführungen
geschmeidiger davon –
wie die zu praktizierenden Taten.
Entscheidungen fallen schwer.
Werden ausgesessen – verschoben
oder sofort umgeworfen.
Denn eventuell könnte es ja
noch anderes Besseres geben…

Im menschlichen Miteinander
bewegen sich
die Rückgratsurfer
im auswechselbaren Modus.
Werden ihrer festen Standpunkte nicht habhaft.
Ihrer selbst auch nicht.
Wiegen vermeintliche Sicherheit

Werden ihrer festen Standpunkte nicht habhaft.
Sich selbst auch nicht.
Wiegen vermeintliche Sicherheit
im Hängemattenbett
der vielfältigen Gesellschaftsbäume.

Für den Fall der Fälle…

Zu einer Sache oder für Persönlichkeitsanliegen
findest sie
keine klare Seinsbasis.

Zu flexibel das innere Rückgrat.

Kein Willen oder Eigenverantwortlichkeit
sind anscheinend einsatzbereit.

Treten Rückgratsurfer kaum für sinnige
Lebenswertigkeiten ein.

Schwimmen auf den Zeitwogen ohne Spuren
zu hinterlassen,
Verblassen im Alltagslicht –
haben keinen Schatten –
konturenlos ziehen sie ihre Atemkreise.

Strecken ihre Hände aus
ins liebgewohnte durchsetzbare Nichts.

Utopie – was wäre wenn

Wenn Utopie nicht rufen würde,
sondern bereits erhörte vollendete Realität wäre...

Ja –
wie würden wir
unser Umfeld wie Tagesgeschehen erleben?
Bei all den Kriegen – dem Mobben – den
Gewalttaten und
dem Aggressionspotenzial
in allen Gesellschaften und zwischen den einzelnen
Ländern...

Drehen wir
das Rad der Zeit
einfach hoffnungsfroh nach vorne –
mit persönlichen Visionen
wie diese Welt dann aussieht.

Da gibt es dann nicht den Spruch
„Stell Dir vor es wäre Krieg und keiner geht hin",
Frieden ist einfach normale TATSACHE.
Ergo – die Kriege bestimmen oder sich dafür
entscheiden
haben keine humanen Waffenhülsen.
Kein anspringend mitmachendes Gegenüber.

Kein einzusetzendes „Seelenhaut-Material"
für irgendwelche Ideologien – Machtgelüste –
Ausgrenzungsparolen.

Ihre eigenen Kopf und Körper hinhalten –
eigenverantwortlich –
das reduziert alles sehr schnell...

Keinerlei Waffenindustrie besteht mehr –
weil absolut keine Nachfrage und Bedürfnis
vorhanden ist!
Unruhen, Verfolgung wie Krieg sind Mega OUT!
Der schnöde Waffenmammon früh investiert
in förderlich gesunde Projekte
von Menschen für Menschen,
mit guten Ergebnissen,
ergibt natürlich wohltuende Alltagsnachrichten.
Frieden ist kein leeres Wortgehäuse,
sondern lebendige GEGENWART
auf der ganzen Welt!
Kein Fremdwort.
Keine geflüchtete Fantasie.
Kein abgenütztes Ideal.
Keine hoffnungslos müd herumfliegende
Friedenstaube.
Nein –
Frieden ist – in jedem EINZELNEN
durch liebevollen Atembeginn geschöpft –
unendlich weitergereicht –
wird gelebt – erfüllt – genährt – vermehrt.

In allen Gesellschaftsschichten – Kulturen –
Sprachen – Kontinenten
Frieden, der wahre Miteinander-Essenz offenbart.

Keine Schlagzeilen mit Blut – Opfern – Toten,
die das Wir belastet – entsetzt – und trauern lässt.
Fremdworte im gewohnten Utopia des Hier und
Jetzt.
Wo das allgemeine Verständnis
auf Verständnis – Dialoge – kluge Entscheidungen
– Verhandlungen – Verträge
mit positiv bewusster Nachhaltigkeit
ausgerichtet ist.

Frieden – in seiner ganzen Tiefe
und wertvollen Lebensqualität –
ein ganz selbstverständlich existenter Atem.
Was für heile – frohe – zufriedene –
liebe Empfindungen in uns beheimatet
die Gedanken wie Schritte dann lenken!
Dankbar,
dass wir lernen – erkennen – verändern konnten
was viel zu lange
die Menschengeschichte prägte.
Frieden ist mehr als Lösung – Chance –
Förderungsboden.

Er ist der wahre Sinn unserer Reise auf Erden.
Ihm gilt es
großen nachhaltigen Erfahrungsraum
zu geben.

Im Wissen – welche alten angstbesetzten
Daseinsmäntel
dafür endgültig verabschiedet
wurden.

Frieden –
spür ihn –
hör ihn –
seh ihn –
leb ihn –
gib ihn bewahrend weiter,
weil er so wunderbar wichtig und richtig

angekommen ist –

und endlich aktiv starke Entfaltung erfährt.

Spatzengruß

Schritte auf dem Sandkiesweg.
Graubesonnte Wolkenhügel grüßen.
Grünschattierte Baumriesen
Spalieren majestätisch.
Bachwasser plätschert
von manch lila Blüten begleiten
auf anderen Spuren weiter.

Der vertraute Holzsteg
überbrückt die Uferseiten.
Da sind Spatzenstimmen.
Putzmunter...
Kleines feines Verstecken
und dann zackig weiter.
Andere bleiben kurz neugierig
blickend im höheren Gras pausierend herüber.

Bevor sie wieder voller Freude
ihre Flugkunst einsetzen.
Spielerisch fang mich doch...
Hüpfen wie fliegen sie
zwischen wildem Rhabarber
und hohen Brennnesseln.

Gekonnt – flink – und
mit einer wunderbaren Leichtigkeit
findet das erwählte Spiel
VIELFALT. Kunterbunt.

Ein Kostbarkeitsaugenblick.

Dankbar und bewusst
halten Füße innen.

Lauschen – sehen – spüren – riechen –atmen
Erquickung am Spatzenschatz.

Steigt tiefe Zufriedenheit steigt
im Herzen empor.

Wie Morgensonne erstrahlt
das Sein im Innersten.

Beschwingt mit fröhlichem Gezwitscher
findet nahes Zuhause ein sehr herzliches
Willkommen.

Zeit zum Leben – Zeit zum Sterben

Mit dem erstem Atemzug
verfügen wir über Zeit um den Sinn unseres Lebens
zu begreifen..
Zeit zum Leben – Zeit zum Sterben.
Wir entwachsen den Kinderschuhen – entfalten
Gaben –
sammeln Erlebnisblütengläser wie Erfahrungen –
begegnen Menschen.
Lernen und erkennen.
Genießen kunterbuntes Glück.
Dazwischen liegt Licht und Schatten,
Trauer und Freude, Friede und Disharmonie und
vieles mehr.

Zeit zum Leben – Zeit zum Sterben.
Erinnerungsblätter erfüllt mit unterschiedlichstem
flüsternden wie deutlichen Bildworten
mögen über jede Gezeitenspanne Gegenwart
fühlen.
Warst Zeitzeugin wichtiger Geschichtsstrukturen –
die stets Deinen wachen Geist interessierten –
erweiterten.

Zeit zum Leben – Zeit zum Sterben
Familie – Liebe – Freunde gehen manche
Lebensspur mit. Das Miteinander des Alltags
wie individuelle Veränderungen erzeugen
Nähe oder Distanzmomente.
Erkenntniswinde wehen über Seelenherzhaut.
Zeit zum Leben – Zeit zum Sterben

Im beweglichen Bereisen der ureigensten Pfade
zwischen dem Gestern – Heute – Morgen
mit Träumen – Zielen – Wünschen
die Realisation finden oder still verwelken.

Zeit zum Leben – Zeit zum Sterben.
Krankheiten – Menschenverluste vertiefen
einige gemeinsame Etappenschritte nachdrücklich.
Diagnose Krebs nahm uns auf eine fordernd
kämpferische Atemebene mit.

Hoffnung und Zuversicht blähten zunächst
beruhigende Erfolgssegel.
Strahlennachwirkungen nahmen
jegliche Energie und Lebensqualitäten vom
wertvollen Hier und Jetzt.

Zeit zum Leben – Zeit zum Sterben.
Das Leid trat vehement zur
Körperhaustüre herein. Übernahm machtvoll das
Piratenzepter.
Formte die aktive Frauenhülle in
zarte Knochenhautschwäche um. Ausgemergelt
und doch mit glänzenden wachen Augen wie
energischer Stimme.

Tapfer durchlittst Du jeglichen Wegfall Deiner
bedeutenden Seinsschätze.

Entdecktest feine blühende Freudenpäckchen,
Freundschaften mit intensiver Innigkeit wie
Wertschätzung
und bemerkenswert tiefe Dialogfelder.

Zeit zum Leben – Zeit zum Sterben.
Besuche – Seifenblasen – Gedichte – Geschichten –
Blumenmeere –
Liebe – Lachen tauchten die letzten Lebenstage in
Regenbogenleichtigkeit die Schmetterlingsflügel
verleihen.

Ein starkes Allgäuherz verließ sanft friedlich
diese irdische Welt, um in neuer
Atemvollkommenheit seine wunderbare
Seelenreise
antreten zu können.

Mit all unseren besten Segenswünschen.

Liebe Einkehr findet

Wenn die Liebe bei uns Einkehr findet –
umfängt uns eine einzigartig edle Magie.
Füllt das geöffneten Herzen wertvoll an,
welches bereit ist für das Wichtigste Geben und
Nehmen des Lebens.
Wo Frieden keine leere Worthülse ist,
sondern lebendige Daseinsrealität.
Aus empfunden zaghaft erwächst förderlich
innere Sicherheit und Balance – die keine
Erwartungshaltung kennt.

Liebe trägt uns – wartet geduldig und
verfügt über Vertrauen – Aufmerksamkeit wie
Dankbarkeitsfarben.
Sie heilt – vergibt – motiviert und ist
gesunde Kraft bei Wandel wie Wachstum
innerer Seelenanteile.

Liebe schwingt sinnig mit in Gezeitenwelt der
Endlichkeit
unserer Atemreise.
Ist tiefe Seelenherzessenz und eine
unendlich verfügbare Quelle
im gestern – heute und morgen.

Eine wunderbare Herzensbrücke vom ich und Du
ins
miteinander verbindende WIR.

Spurenwandlerin

Unbefleckt frisch im Urvertrauen betrat ich
Mutter Erde.
Dazwischen liegt eine vielfältig formfarbgebende
Erlebnisspanne.
Grauheißer Wüstensand verwehte
Vertrauen, Liebe und
die lichtvolle Freiheit des rechten
Los- und Zulassen Könnens.

Aus kindsbeinig froher Leichtigkeit erwuchs
eine von Menschenhand geschaffene
Seelenlandschaft –
die tieftraurige Schatten verbarg.

Gestaltete bremsend bis beherrschende Gedanken-
Herz-Schluchten.
Verschlangen allzu oft die Möglichkeit,
zur rechten Zeit am rechten Ort zu sein.
Dafür eingetauscht stete abrufbare Funktionalität.
Die intensiv üppig säte im erntelosen Rasterlauf.
Ohne den individuell gabenreichen Atem
wirklich wahrzunehmen.

Gefühlsbilderfahrungen tauchten behaftend in
Menschenritzenzwischenräumen ein.
Krochen unerlaubt und ungerufen hervor –
wie nachtdunkle Gespenster.

Wanderte im Wandel. Intuitiv.
Traf die Entscheidungsspur– für mein
wahres authentisches SEIN.

Räumte – reinigte – heilte und verabschiedete
die verletzenden, opferbeschwerten
Lebensfadenenden.
Öffnete dem Sonnenlicht zugewandt all meine
Gaben und verfügbaren Wirksamkeiten.

Wandle im universellen Rhythmus des
Gezeitenstaubes.

Ich bin steuernd glückliche Gezeitenwanderin
auf einwandfrei neuen Pfadchancen.
Mit wunderbar seelenleichtem Herzen und innerer
Weisheit erfüllt.

Gleite ich lichtvoll über die human weltlichen
Dimensionsebenen.

Altersmorgen

Lebensflussatem neigt Jahresringe wie Glasinhalt.
Sinn und Unsinn des Seins verwehen –
Dinge kommen Dinge gehen –
Begegnungen verfügen noch über
Gegenwartspräzens, andere verschwinden im
Veränderungsnebel.
Schritte die schwerer in ihren Spuren gehen.
Der Blick auf liebgewordene Erinnerungen
beginnt Intensivierung zu entdecken.
Erlebnisblätter mit vielfältigen Gefühls-Gedanken-
Zeilen gefüllt.

Makellose Bilderflut erzählt von jungen
einwandfreien Menschen – das Leben mühelos im
Griff…
oder umgekehrt…
Die Augen in Wolken – wollen nicht sehen –
erkennen.
Halten am Glauben des jetzt fest –
ungläubig verschlossen dem Wandel
der Gezeitenstärke gegenüber.
Schließen die Augen – träumen – lieben –
wünschen
Keine Fragen ans Tageslicht zulassen –
Zweifel und Ängste verdrängen.

Können so keine Antworten finden…
Kopf im Sand – Sanduhr fließt endlich lässig –
Kopf in Wolken.

Saugen freudig Sonnenstrahlen auf,
vertrauen still darauf das es so bleiben möge.

Doch zwischen dem Gestern und Morgen liegt oft
nur eine kurze Himmelsnacht.

Weltlicher Vergänglichkeitswind bläst beweglich
stetig in Lebensgefäßsegel.
Skizziert Gesichtsformen, erzeugt dünnere Haut.
Wandelt vom Leichtfuß hin zum verstockt
Zurückgelassenen…

Im Zwischenraum des Jetzt und Morgen –
darf Klarheit realen Menschenraum erlangen.
Im freundlich integrierten Miteinandereinsatz
tägliche Quelle schöpfen.

Den Alptraum unbemerkt faltenreicher
Atembücher von Individuen,
abgelegt an einsam grauer Gesellschaftsseite.
Ungetragene Lebensblüten beheimatet in den
verletzlich befleckten Kokon.

Müde gereifte Flügelspannweite erhascht kleinste
Lichtblicke –
sanfter Abendmorgen möge Liebe wie Frieden
gewähren.

Hand in Hand mit Würde,
Respekt und Wertschätzung.

Am Horizont geht's nicht weiter

In Indien wie auf der ganzen weiten Welt
werden tagtäglich Mädchen wie Frauen
vergewaltigt.

Dort symbolhaft aufgehängt – damit die
Machtschau „aussagekräftiger!" ist?
Für die potenziellen Täter –
die natürlich hinter anonymer Fassade
gut verborgen ihr Unwesen treiben können.

Verantwortung ein Fremdwort.
Schicksalsschläge – welche allein die Betroffenen
und ihre Familien
zu bewältigen haben.
Im Stillen bitte.
Wer Gesicht zeigt und Stimme wird –
wird neuerdings von manchen Politikern
aufgeklärt
das dies seine Richtigkeit haben könnte…

Wo bleibt die empörte Aufschreiwelle?

Wo bildet sich ein WIR gegen solch plakativ
erhobenen Freispruch?

Gleicht einer Einladung oder? Ein massiver
Gesichtsschlag für Geschädigte!

Ein hübsches Deckmäntelchen hinter denen sich
die feigen Gewalttäter verstecken dürfen.

Gerechtigkeit – wo hast Du nur Asyl entdeckt oder
befindest Dich auf der Flucht vor dehnbaren
Gesetzeslücken?

Wie kann unsere Gesellschaft mit solch
inkompetenten Lüge leben?

Ist konsequent inaktiv aktiv…

Missbrauch verfügt über viele Ebenen.
Jemand – soll was tun… Wer ist dieser Jemand?
Wir – die unsere Stimme nicht erheben – erzeugen
dadurch Zulassungsraum!

Darf dies bewusst mögliche Wirklichkeit erhalten?
NEIN!
Ist das so ausufernde Morgen, das Du –
ja gerade Du – jetzt real mit gestaltest?!!
E R S C H R E C K E N D!!!

Vernebeln wir unsere Augen so sehr?

Lippenbekenntnis Einspruch keinen
Gegenwartsatem empfängt.
Ist unser Seelenherz derart verhärtet?

Unsere Empathie, Respekt, Grundhaltung ist im
menschlichen Eiszeithaus dauergelagert?

Überall passiert es!
Ohne Einhalt von Kleinstkind Alter an…

Wann – Wo – Wie – Warum werden wir aus dieser
Lethargie erwachen?

Wenn das Szenario z.B. im persönlichen Umfeld
„Einkehr" findet…

Sage jetzt deutlich laut und nachhaltig STOPP!

Es ist mehr als genug!

Das stete üppig beladene Schändungsrad muss
komplett ausgebremst werden.

Jeder einzelne Notzuchtfall ist einer
ZU VIEL!

Täglich grüßt

Zwischen Erinnerungsblättern von Vergangenheit
–
ist zeitweise das Ich noch verwurzelt bis
„gefangen"…
Das Heute beeinflussend bewusst – unbewusst.
Innere Teilhabestimme in allen Lebensbereichen –
verletzt, beraubt und um Schmerzen wissend.
Tagtäglich neue Wecktatrufe
der Übergriffigkeit oder Vergewaltigung. Von Baby
bis …!!
Körper-Seelen-Herz nimmt Resonanzschwingung
auf.
Empfindungswellen wogen ans hart erkämpfte
Daseinsschutzufer.
Fragend – wütend – hilflos – klar,
will und muss Opfern Gesicht, Stimme und Gehör
geben.
Me-To-Bewegungs-Atem weht über die ganze Welt
wie ein Seelenorkan verlorener Integritätsschätze.
Nicht stehen gelassen, sondern mit Verantwortung,
Wandlungsheilung und Gesellschaftstabus
brechend
nachhaltig ÄNDERUNG realisierend.

Eine Menschenbasis aktiv und mutig gestalten –
in der diese Grenzen nicht so gleichgültig bis
medienaufschreimäßig
im emotionalen vorbeifliegen behandelt wird.

Wo Stop – Stop ist!
Sicherheit keine traumatisierte Worthülse
ist/bleibt.

Vater-Kind-Schattenzeiten

In manchen Partnerschaften
lebt sich das
noch vor kurzem
verliebten Du und ich
schleichend auseinander
oder mit klaren Entfernungserlebnissen.

Zu diesem Paar
gehört verbindend ihr gemeinsames Kind.
Doch aus entflammter Liebe
sind Egoismus, Distanz, Kälte und
eigene Entfaltungswege entstanden.
Worthülsen – abgefeuert um zu treffen.

Geheimnisse und das ENTWURZELN
dieses anvertrauten Menschenkindes
erzeugen Wunden – Abgründe – tausend kleine
Abschiedstode
voller Trauer und inneren Seelen-Herz-Tränen.
Zwischenmenschlichkeitsmauergrenzen errichtet.
Familienzeit aufgelöst – entblättert wie
Enttäuschungen gesät.
Wut breitet im Innersten hohe Wellen aus.

Stille – wo es um Lösungen und
vorsätzlichem Entzug der
Entwicklungspotenzialquelle
durch beide Elternteile geht...
Zahlmeister sein trotz praktizierter
Entfremdungstendenz der Mutter...

Das Kind im Augen, sein Wohl an erster Stelle –
die Liebe und Begegnungsnähe
suchend und mitgebend wollend...

Den Vater-Kind-Sinn schmerzhaft verlierend.
Schlagworte von außen –
Einsamkeit und Verlorenheitsgefühle im Selbst.
Gepeinigt in der Situationsschwere
- Hilflosigkeit spürend
und seinem Kind
Vertrauenshand reichen mögen.

Unter dem großen Schattenbaum
der Entscheidungslandschaften
beider Parteien –
wo Gleichgewicht – Gerechtigkeit – Balance
kein Gegenwartslicht erfahren.

Wie ein kleiner Baum –
eingesperrt im Steinmantel –
wandelt kraftvoll der Baum
Öffnung – Licht
Freiheit und Beweglichkeit
entgegen.

Lernen – erkennen
das die Herzschätze – Umarmungen – Lachen –
Spiele –
AUFFANGEN – trösten – Geborgenheit geben und
mehr...

sind wunderbare Daseinssterne,
die das Kind stets trägt.

Förderlich. Nährend.
Vielleicht nicht allzeit bewusst
aber wie Erinnerungsbilder
oder Handlungsgaben
auftauchend – motivierend.

Ein deutliches Verknüpfungsband
das Liebe – Akzeptanz – Zutrauen – Zuverlässigkeit
als Erlebnisperle beinhaltet.
Über alle Entfernungskilometer hinweg
erreicht Vaterliebe sein Kind.

Anders ...auch weil Umgebungseinflüsse wirken.

Die zum Aufgeben zwingen wollen...
Lebensspuren sollten so gewählt sein,
das mit eingesetztem Rückgrat im Hier und Jetzt
fürs geborene MORGEN.

Damit später
keine Bitterkeitswinde oder
Unverständniskeitsberge
zwischen Vater und Kind
die Begegnungs-Lebensblätter-Intensität
einfärbt.

Was bleibt

Wir waren Samen – wuchsen – erblühten –
verwehen im vergänglichen Gezeitenwind.

Tanzten heiter mit Frühlingswolken
in feine Duftgefilde.
Reihten Träume wie kunterbunte Pusteblumen
auf gewünschte Erfüllungsfäden.

Sogen Lebensatem voller Liebe küssend –
taumelnd – was kostet die Welt – ein,
hoffend aufs permanente Paradies…
Liefen in Spuren die nicht stetig unsere waren,
verloren die Wegrichtung – als Rückgrat .
Passten uns an oder förderten wahre Authentizität.
Strauchelten vor Angst und Sorgen,
rückten das Krönchen recht um zurecht mutiger
Lebenshaltung zu gewinnen.

Begannen immer mehr den Unterschied
zwischen nichtig und richtig wahrzunehmen.
Lernten aus Begegnungen wie Erfahrungen
was Vielfalt, Licht-Schatten-Konturen wie
Enttäuschungen beinhalten.

Füllten unser Glas voll Freude und Glück,
tranken Leichtigkeit des Seins –
gaben manchen Spurenschritte nachdenkliche
Schwere.

Zeit hastet oder doch mehr der Mensch?

Das Atembankkonto verringert sein Guthaben
tagtäglich.

Suchen im Außen – was im Innern
bereits vorhanden ist.

Glauben – wünschen oder verlieren
im alltäglichen Kampf egoistischer Kleinziele.

Was bleibt?

Ein Herzlachen das tief berührt.
Liebe die aufrichtig – ohne Erwartungen –
im Urvertrauen des Fließens Gegenwart fand.

Worte die Motivationssymbole oder
Trostlicht schenkten.
Freundschaft entfaltet auf purer Zuneigungs-
Vertrauens-Basis.
Umgedrehte Fragesteine –
die Antwortwellen schöpften.

Kleine Augenblickskostbarkeiten die unsere
Seele mit wunderbaren Sonnenstrahlen erhellte.

Was bleibt…

Eine Universumssekunde voll individuellem
Liebes-Frieden-Seins –
wäre eine segensreiche Atemessenz.

Der Zeit-Ebenen-Flug

Ich bin Pilot.
Steure mein Flugzeug über das unendliche Meer
der Zeit.
Nicht die Zahl Unendlichkeit. Nein.

Die unendliche Unendlichkeit.

Ein Gradmesser. Es gibt sie – die endliche Zeit und
darüber
hinaus die unendliche Facette von Zeitraum.
Meisterliche Möglichkeiten
von Zeitfenstern. Zeit hat das Alter, das wir ihr
geben.

Doch die Zeit gab es vor und sie wird unzählbar für
uns
weiter fließen – fliegen – leben. Mit was wollen wir
sie erfüllen?
Der Wind der Gesellschaft
will mich aufhalten.
Meiner persönlichen Freiheit berauben.
Blähst mit oberflächlich aufdiktierten Normen.
Bringt mein Flugzeug ins Wanken. Ohne Erfolg.
Das wechselhafte unbeständige Wetter der Politik
schafft Abhängigkeiten der kleinen Bürger.
Will mich von meinem gesetzten guten Kurs
abbringen.
Strample mich frei vom Schichtenzwang.
Finde verantwortungsbewusste authentische
Richtung.

Der machtvolle Fluss des Geldes
versucht mich gewaltsam zu verschlingen.

Ohne Geld kein Leben. Ohne Geld kein
Weiterkommen.
Schüttle mich ab.
Lass dass Knochengerüst des schnöden
Mammons nicht nach meiner Seele greifen.
Konvertiere Geld in Zeit.
Gebe mir Chancen vielfältigsten Entdeckens –
Entfalten – Erfüllens.
Der heiße Sandwind erzählt mit leiser Stimme.
Eindringlich über Dürre und Hunger. Hunger der
Arme sterben lässt.
Die Angst vor dem Hunger kann mich nicht
abhalten. Ich fliege weiter.
Die gleißende Sonne der Modewelt berauscht mit
bizarr faszinierender Schönheit.
Magere Top-Models präsentieren was au Vogue ist.
Oft bezahlter Preis für diese Körperlinie
Magersucht und Bulimie.
Streife dieses scheinbare Beauty-Idealbild ab.
Welches meine individuellen Flügel beschweren
könnte.
Der Nebel der Kriege will mich in die Irre führen.
Täuscht. Verhandelt. Zieht blutige Grenzen.
Die Primitiven und Ungläubigen
zum sicheren Umdenken bekehren.
Waffenworte navigieren das Miteinander.

Welches?
Ich steuere mein Flugzeug weit über diesen
vereinnahmenden Nebel hinweg.
Ich bin Pilot und fliege mein Flugzeug.
Fliege durch das Skelett der Jetzt-Zeit.

Sehe Aggression und Gewaltpotenziale die nach
mir dem normalen Unbekanntem greifen.
Angst, Unsicherheit, Hilflosigkeit wollen
allzu flink mit ins Flugzeug springen.
Das Gewicht beschweren. Meinen Flug stoppen.
Strauchle nicht. Vertraue in die mir innewohnende
Kraft.
Menschlichkeit, Frieden und Toleranz nehmen
lebendig Platz ein.
Respekt, Eigenverantwortung und aktives Handeln
geben ein
neues besseres Flugtempo an.
Also kämpfe ich gegen die Natur
und gegen mich selber.
Was immer ich bin
und
welche Dummheiten ich glaube
Wenn ich fliege, bin ich.
Was sage ich?
Was höre ich auf meinem Flug über die Ebenen der
Jetzt-Zeit.

Die Unendlichkeit nicht fassbar im Labyrinth der
Jahrtausende.

Zwischen lachenden Kontinenten,
horizontweitem Himmel
und leuchtenden Sternen.
Im Begreifen – was Leben ist.
Leben beinhalten kann.

Verlassen können

Zwischen allen Gezeitenbögen
wie Erlebnisbildern
lernen wir Menschen kennen.
Entdecken nach unterschiedlichsten
Erfahrungsfeldern
das Gegenteil.
Lernen das Begreifen Müssen.
An hellen glücklichen Tagen
ist es leicht
die Wegeesspuren
miteinander zu gehen,
doch wenn Schatten oder Nebel
auftauchen
die mehr einfordern
als oberflächliche Freundschaft
dann bröckelt die Basis.

Vertrauen
gestaltet – gewachsen – bewährt
teilen wir mit wenigen Menschen.
Zuverlässig – ehrlich – integer – authentisch
bei allen persönlichen
Phasen, Entscheidungen wie
Anforderungen.

Im Dialog –
Hand in Hand-
Wissen – Gefühle – Gedanken
im Austausch.

Gegenseitiges Fels in der Brandung Erleben.
Akzeptanz, Respekt und
wahre Freundschaft
sind die wichtigsten
Kostbarkeitssterne unseres Seins.

Das Schönste ist,
beträchtlichere Etappen gemeinsam
zu begleiten,
im jeweiligen ergänzenden
wie konträren Individualatem –
die unsere Seelenherzen
verbinden.

Zu lernen und zu leben
das es stets ein Wir gibt,
mit Lebensschatz Freund
ist wunderbar.

Da erhalten Glück und Freude
noch wertvollere Ereignistiefe
- Leichtigkeit die Vielfalt einzigartig erblühen lässt.
Geteilte Schatten wie überstanden gelöste
Probleme
eine besondere Intensitätsqualität
formte.

Schön, dass es Dich gibt.

Wort Welt

Ein Filminterview zum 80. Geburtstag mit dem zeitgenössischen Autor und bekanntem Verleger Hans Magnus Enzensberger. Ein Szenenausschnitt zeigt ihn im Gespräch mit seinem Enkel vor dem Computer. Der Enkel erklärt seinem Opa, dass er ein Spiel spielt. Sein Großvater fragt ihn: „Alleine?" „Nein. Dieses kann man alleine nicht spielen." antwortet er. „Es spielen virtuell bis zu acht Millionen Menschen mit auf verschiedenen Levels." Erstaunt äußert der Opa „Unvorstellbar! Bis zu acht Millionen? Auf welchem Level spielst Du?"

„Es gibt vom niedrigsten Level 1 bis zum höchsten Level 70. Ich spiele auf Level 70." „70! Beachtlich! Da steckt bestimmt viel Arbeit dahinter! Wie lange hast Du benötigt, um dorthin zu gelangen?" Entgegnet der Opa. Antwortet der Enkel: „Zweieinhalb Jahre." „Da hast Du wirklich etwas erreicht. Eine tolle Leistung!" lobt der Ältere.

Zweite Szene Hans Magnus Enzensberger bewegt sich in einer am Wasser liegenden Landschaft und wechselnde Szene unterwegs im Zug. Er erzählt, dass er manchmal verschiedene Jacken im Leben anhat. Die des Autors oder die des Verlegers. Was sage ich in der jeweiligen Jacke? Zum Beispiel einem Freund der einen Verlagsvertrag zeigt? Wähle in der Autorenjacke die Worte eines praktischen Autors. Als Verleger zeige ich ihm klar die Zahlen und Fakten auf.

Neue Szene. Er sitzt lässig authentisch auf einem Stuhl. Hinter ihm ein großes Fenster das helles Tageslicht spendet. Blickt innerlich zurück und resümiert augenzwinkernd: „Als ich jung und unbekannt war, wäre es unvorstellbar gewesen den bekannten Bertold Brecht einfach zu besuchen. Es wäre eher möglich gewesen – ihn zu bestehlen. Als von Angesicht zu Angesicht im Empfinden eines Unwürdigen dem literarischen Helden gegenüber." Lacht. Ein herrlich verschmitzt ehrliches Lachen, dass sein Gesicht jungenhaft erscheinen lässt.

Szenenschnitt Herr Enzensberger sitzt Zuhause bequem auf einem Sofa. Sinniert das Lyrik unverkäuflich ist. Lacht. Gedichte sind nicht für die breite Maße geschrieben. Die Nachfrage ist für bestimme Interessengruppen. Geldmäßig nicht besonders relevant. Gerade deshalb bedeutet es für die Lyrik, dass sie Freiheit symbolisiert. Lyrik ist wichtig. Sie ist bezeichnende Gedankenkraft.

Das spricht das tiefe Selbst in mir an. Nehme vor dem Fernseher sitzend, geistig die erworbenen Eindrucksfäden nahtlos auf. Meine persönlichen Gedanken beginnen weite Flügel zu spannen. Erheben ihre Energie empor zum Himmel. Gewinnen individuelle Spielfeldmöglichkeiten. Worte sagen etwas aus. Was? Worte können Lyrik formen. Worte erzeugen Bilder. Schenken musikalischer Melodie ein empfindsames Lied. Worte finden Bedeutung auf Menschenboden. Können Druck machen. Ermutigen. Gefühle ausdrücken. Gedanken finden Wortfassungen. Weisen Standpunkte auf. Erwecken Sehnsucht. Setzen Grenzen oder erheben geflügelt darüber. Bauen Brücken. Trennen. Loben. Verletzen. Verleihen Würde. Stiften Frieden. Strukturieren. Bewerten. Verurteilen. Worte geführt im frei gewählten Monolog oder Dialog.

Worte vom Labyrinth des Schweigens verschlungen. Stille. Absolute Stille. Was wäre eine Welt ohne Worte? Wie wäre diese? Wortlose Kriege. Da würden andere Klingen emsig gewetzt. Ja – Worte verändern. Menschen. Gesellschaftsschichten. Wie nehmen wir die Worte der Politik wahr? Was klingt in uns nach? An? Oder schalten wir einfach ungläubig ab? Was tut dieser Prozess mit uns?

Was wird aus Worten – wenn sie wie eine zu oft gebrauchte Jacke abgelegt wird? Keine verantwortlichen Taten folgen? Das nötige Rückgrat abhandengekommen ist? Wie gehen wir im Alltag mit Worten um? In welche Schubladen stecken wir aus Unwissenheit diese allzu schnell oder zu oft? Ein Ozean voller Worthülsen, in dem Worte durch unüberlegten Gebrauch Risse erhalten haben. Wortmüll als Assoziation.

Worte sind mehr, als wir uns bewusst sind. Worte formen uns Menschen. Lehren. Helfen. Stoppen. Welche Worte wählen wir gerne? Oder huschen selbst verloren über unsere Lippen? Gibt es Worte,

die wir gerne hören? Andere lösen vielleicht Angst,
Unsicherheit oder Hilflosigkeit aus.

Worte haben eine besondere Kraft. Eigendynamik.
Worte können schöpfen. Essensblüten hervorbrin-
gen. Reichen Seelen-Herz-Nahrung. Gedankenkin-
der erschaffen Visionen. Realisieren Ideen.

Glück, Freude und Liebe werden wortreich erzählt.
Ausgeschmückt. Jedes einzelne Individuum ist ein
vielfältiges Zuhause von Gedanken – Worten –
Handlungen. Worte beschreiben Stille. Stille lebt
ohne Worte. Lassen wir Stille zwischen unseren
Worten zu?

Hospiz

Ein stiller
ja fast geborgener Ort
des bedachtsamen Lebens-Abschied-Nehmens.
Raum-Gefühl-Gedanken-Körper
der im geschützten Hort Einkehr antrifft.
Gezeichnet von diversen Krankheitsetappen –
ohne Erfolgsziel Heilung
erreichen zu können.

Körperhülle streift Ebenenhaut ab.
Seele bereitet Entfaltungsflügel vor
Noch andere – tiefere – ehrlichere
und vor allem respektvolle
Begegnungen im
Hier und Jetzt gestalten.
Lebensblätter nochmals aufmerksam aufschlagen –
retuschieren oder intensivieren.
Hoffnungen zerrinnen
in Endlichkeitssanduhr.
Erfahrungsschatten verblassen –
Bedeutsamkeitsmomente gewürdigt.
Loslösungs- wie Zulassungsschritte
miteinander teilen – Lebensqualität verfügt über
viele Gesichter.

Durchaus mit Hilflosigkeit, Traurigkeit aber mit
DANKBARKEIT für gemeinsame Erlebnispfade.

Klärungen, Erinnerungsblüten
wie Herzschätze aus inneren
Menschenfacetten schöpfen
ans Gegenwartslicht
Sammeln feine kleine Glückssterne die
Seelengepäck befreien.

Lebensreisezeitblätter beginnen steter vom
Daseinsbaum abzufallen.
Atemspuren die schwächer werden,
eine neue Horizontwelt
wartet gespannt auf sie.

Wo Leichtigkeit statt Leid
Zutritt haben.

Bunte frische Möglichkeiten
reale Basis finden
zum ENTDECKEN dürfen,
im Wissen das ihre wunderbaren Herzabdrücke bei
uns fortexistieren.

So stark bin ich

In der Wechselwirkung täglicher Barrieren
Teilhabe am WIR leben…
Aus den körperlich-schmerzvollen Defiziten auch
Atemqualität schöpfen.
Im Wissen des Hier und Jetzt dass Krankheit als
gieriger Schmerzmantel
mehr Körperfläche ergattert
Demut und Dankbarkeit kennend.
„Normale" Beweglichkeit nicht mehr erlangend.

Im endlichen Hamsterrad von Anforderungen im
Gezeitenwechsel
das Üben – Straucheln – Hinfallen und
AUFSTEHEN andauernd trainieren.
Wie Phönix aus der Asche in Ausdauer drillen.
Das Leben nicht „nur" ergreifen, sondern wahrhaft
begreifen.
Augen die sehen – Ohren die hören –
in der Seele spüren, was Leben alles ausmacht
und dabei schon die ersten Erlebnisse als Schätze
entdecken dürfen.
Farben – Formen – Landschaften mit den Augen
erfassen und aufnehmen.
Virtuose Vogel-Serenaden und mehr hören zu
können –
das sind aufmerksame Momente, Glücksperlen.
Nähren freudvoll. Geben Mut, innere wie äußere
Grenzen zu überwinden,
Ängsten und Sorgen ins Gesicht zu sehen.

Gefühle zuzulassen und bewusst zu akzeptieren,
das Eine oder Andere loslassen.

Mich von Begegnungen, die mich behindern,
im Unverständnis den körperlichen Einschränkung
gegenüber.
"Das muss doch besser werden" oder (indirekt)
„Was machst Du falsch dass es noch so ist…"
lösen tiefe Tränenmeere aus.
Das schwächt – zwingt zeitweise in die Knie,
ja – weil jeden Tag aufs Neue
Kraft – Wille – Disziplin
gefragt wie umgesetzt werden muss.
N o r m a l i t ä t –
hat unterschiedliche Morgenhimmel und andere
Erfahrungsebenen.
Wo Fragen und Kümmernisse hochsteigen wie
unüberwindbare Berge –
Antworten nicht parat liegen – nur durch Suchen
gefunden werden können.
Für Radfahren – schwimmen – Spaziergängen –
Wanderungen
oder Klettern absolut real Erlebnisdürre herrscht,
ein Starr geschnürter Eispanzer quälend den
Körper erobert.
mächtig – nachhaltig – hohe Grenzzäune setzt.
Atemlose Wehmutsblicke beim Beobachten vitaler
Zeitgenossen
oder sportlichen Medienberichten.

Ich bewundere die Paralympics und finde die
Persönlichkeiten und Sportziele grandios –
ja fantastisch!
CHAPEAU!

Ohne Neid, eher mit purer Begeisterung – denn da
weiß ich zu sehr,
wo <u>ich</u> stehe – wo <u>ich</u> klein bin an Möglichkeiten
wie Schmerzüberwindung.
Demut atmend.
Doch ist es mir wichtig, mein Dasein autark
zu gestalten.
Das bedeutet durchaus, altes Körpergefühl für
Situationen oder Handgriffe zu mobilisieren.
Zurück zu gewinnen!
Das heißt auch, dort unzählige kleine
Abschiedstode zu sterben…
Allzeit zu investieren in verschiedenste
Heilmethoden und Mobilisationsbrücken
um eine gewisse Grundbasis zu fördern oder zu
erhalten...

Denn finanzielle Sicherheit gibt es nicht
und – nein – ich will nicht noch mehr teilnahmslos
ins Abseits der Gesellschaft gestellt werden.
Gerade deshalb ist es wichtig, dem Lebenslicht
einen Sinn, einen Inhalt zu geben
wie liebevollen Seelen-Herz-Farben stetig neu zu
erwecken.

Beweglich in den Atemreisefluss fließen, kreisende
Gedanken wie Vögel Ruhe tanken,
Empfindungen eine sensibel leise Melodie wie eine
Harfe spielen zu lassen.

Sich mit seinen individuellen Träumen und
Sehnsüchte anzunehmen –
ihnen Gegenwart einzuhauchen.
Gesicht zeigen – Stimme werden,
ohne Wenn und Aber.
Aufrecht gehen. Mit Rückgrat eigenverantwortlich
einstehen für sich und die Schwachen.
Respekt – Würde – Toleranz – Akzeptanz sind
keine leeren Worthülsen,
sondern aktiv Eingebrachtes im Ich und Du –
dem WIR.
Der eigenen besonderen Bedürfnissen gewahr sein
ohne damit schon als be"hindert" abgestempelt
In die zweite oder dritte Reihe eingegliedert zu
werden.
Ein eindeutiges wunderbares „JA! "dem Leben
lachend dankbar zuzurufen.
Mit Körper, Seelen und Herz Tango tanzen.
Freiheit empfinden. Der Leichtigkeit des Seins der
Entfaltung
kreative Schmetterlingsflügel schenken,
so können sich Chancen – Gaben – Wandel
offenbaren.

Erinnerungs- wie Heutebilder mit freudig
fantastischen Farbkonturen
malen lassen.
Alles ist möglich – wenn ich mich täglich
ungehindert mit all meinen Sinn
wie meiner persönlichen Körpersprache aufmache,
das Leben zufrieden zu entdecken.
Glücklich und dankbar – weil ich gute Freunde auf
all meinen Lebensspuren weiß.

Der alte Baum

Als zartes Pflänzchen fing es an –
erste Atemspuren und staunende Entdeckungen
breiteten ihre Entfaltungsflügel wunderbar aus.
Es wuchs heran – wurde groß und erwachsen.
Stetig sammelte es Erlebnisse, Begegnungen
und Erfahrungen kunterbunt in seinem
Seelenherzen.

Die Wurzeln reichten tief in Mutter Erde hinein,
der starke Stamm schenkte allen Ästen
Stand – damit sie sich individuell ausbreiten
konnten.

Manche versuchten mutig den Himmel oder
Horizont zu berühren.
Geschnatter, Gepiepse, Lachen – Worte – Dialoge
im freudig blühenden Dasein.

Familie – Freunde – Bekannte reicherten es an.
Unterschiedlich gefärbte Sommer-Herbstkleider
fanden Beachtung und Freude.

Im Zutrauen des Wandel jede Jahreszeit
vollkommen gelebt.
Viele Jahresringe legten sich fast still um den
Baum, der nun manchen
Abschied traurig hinnehmen musste von
liebgewonnenem Vertrautem.

Die grün beliebten Flächen des Miteinanders
lichteten sich auf natürliche Weise.

Die Sonne schien einzig keinen Alterungsprozess
zu kennen.

Ruhiger und beschaulicher vergingen nun die viel
länger gefühlten Tage.
Blattworte wenig gewechselt – mit wem auch…

Hastend gestresste Gestalten auf eigenen Wegen
unterwegs.
Nachdenklich oft einsame Herzaugen sahen
der Welt zu,
zurückgelassen ja ausgeschlossen vom
aktiven Wir.

Der Alltag trägt ein starres Grau – die Zeigeruhr
rennt im Marathon
dem Leben davon – es bleibt eine Erinnerungsneige
im Gegenwartsglas zurück.

Die frischen Blumen-Baum-Erdgerüche
eingetauscht – nicht freiwillig –
in Krankheitsschatten und Bedürftigkeitsasphalt.

Darin allzu oft allein zurück gelassen – Schweigen
und Leiden
formen Hautmauern, Gefühle bröseln –
Lebensmut verblasst.

Zweifelsblüten erlangen Atembeete – Ängste
gewinnen Wolkenkraft.

Der ewig wiederholende Lebenskreis
schließt sich mit
zu wenig LIEBESLICHT,
Zugewandtheit und Verständnis.

Geblätterte Austauschbänke mit Zeitquellen realen
zusammen Kommens
brauchen stärke Menschensamen.

Bevor das letzte Blatt verweht ins Nirgendwo.

Nimm Dir Zeit

Nimm Dir Zeit zum Freuen – tanze im Regen und
zwischen den Regentropfen.
Nimm Dir Zeit dem Frieden und
Harmonie der Natur zu lauschen.
Nimm Dir Zeit – für Dein Herz – höre den
Herzschlag und die tiefe LIEBE
die darin als Quelle Zuhause ist.
Nimm Dir Zeit Mut zu haben für die Liebe
und für die Dinge wie Menschen einzustehen, die
wichtig sind.
Nimm Dir Zeit Deinen Glauben zu leben.
Nimm Dir Zeit für die Vergebung – so ist Dein
Weggepäck leichter und heiler.
Nimm Dir Zeit für Dich – Deine Seele wie Herz
haben ein Gesicht in Dir – blick es an.
Nimm Dir Zeit für eine Atempause und staune
über die kleinen Wunder dieser Welt.
Nimm Dir Zeit für ein Lächeln an das Gegenüber –
es erhellt und erfreut.
Nimm Dir Zeit – Deinem Leben Sinn –
Inhalt und Tiefe zu geben.
Nimm Dir Zeit die Sprache Deines Körpers
zu verstehen.
Nimm Dir Zeit einen achtsamen Moment aus
Deinem Alltagshamsterrad auszusteigen.

Nimm Dir Zeit um die Uferseite zu wechseln und
eine neue Blickrichtung einzunehmen.
Nimm Dir Zeit einem Lebenstraum
Realitätserfüllung einzuhauchen.

Nimm Dir Zeit der Sonne Dein Gesicht offen und
dankbar entgegen zu strecken.
Nimm Dir Zeit um den Frühling zu riechen und
die blühenden Farben zu entdecken.
Nimm Dir Zeit dem Glück die Türe zu öffnen und
es willkommen zu heißen.
Nimm Dir Zeit für die zufriedene Dankbarkeit die
eine gesunde Lebensbasis darstellt.
Nimm Dir Zeit für Bewegung –
Entfaltung – Wandel.
Alles ist möglich – nimm Dir Zeit –
den sie ist endlich.

Gehe verantwortungsbewusst damit um –
Dein Seelengepäck für die andere Reise
wird deutlich leichter sein.

Liebe – Erinnerungsbilder – Erlebnisfarben...

Ich schreibe seit ich 12 Jahre jung bin aus einer tiefen Herzleidenschaft heraus.
Möchte mit meinen Worten Menschen berühren – Atempause schenken – nachdenklich stimmen – Mut machen – Wandel wie Wachstum möglicher mitgestalten.

Beate Loraine Bauer ist seit mehr als 16 Jahren in unterschiedlichsten Anthologien veröffentlicht.
Erstes Buch „Farbpalette des Lebens" war auf der Buchmesse in Frankfurt – Leipzig und Wien vertreten.
Erfolgreiche Lesungen vom Allgäu bis in die Eifel sowie in Wien.